Anbeginn des Neuen

Altes zur Seite schieben.
Neues beim Schopfe packen.
Die Vergangenheit bewältigen
und einen Plan zu haben.

Das Leben, gespickt
mit Überraschungen.
Voll Gutem,
wie auch Bösem.

Doch das Wichtigste
dabei ist, voll Zuversicht
und optimistischem
Realitätssinn eine
Basis aufzubauen
und auf sich selbst
zu vertrauen.

Erkrankung der Psyche

Als ich einst dem Trauma
erlag, wurde just an diesem Tag
und ohne dass ich über mein Schicksal klag,
meine Welt, mein Universum
auf den Kopf gestellt.

Und just in dem Moment
als mir dies bewusst wurde
haben sich Ängste zu mir gesellt.
Von nun an wurde ich
verklemmt.
Von nun an wurde ich
verurteilt
Von nun an wurde ich
gehasst.

Aber nicht nur von meinem
Umfeld, nein.
Am meisten schließlich
fand ich diesen Umstand,
mich und meine Person,
gar nicht fein und
hielt meine Krankheit geheim.

Doch heute kann ich
drüber reden.
Heute kann ich und mein
Umfeld es verstehen
und schonender mit
Krankheiten der Psyche umgehen.

Denn schließlich haben wir
diesen Zustand nicht erwählt,
sondern wurden im Leben
oft bis an Grenzen gequält.

Traurig aber war,
nicht jedes Leben
verläuft wunderbar.

Frei von Liebe

Während sich die Sonne
mit blutrot verschleiertem
Abendrot umgibt,
ein Pärchen sich am Ufer
des Sees mit romantischer
Inbrunst liebt.

Kennen gelernt erst
vor kurzer Zeit,
jedoch schon zu
Fleischeslust bereit.

Zwei Stunden währte
das Duett der Liebelei
und erst nach genüsslichem
Schrei, ist das Gehirn der
Beiden von Gedanken,
Zwängen und Instinkten frei.

Frei fürs Leben
Frei für eine gemeinsame Zukunft
Frei für eigene Wege
Und frei für Vernunft.

Doch frei zu sein bedeutet
für jedem etwas anderes

Irr

Normal zu sein,
heißt nicht wirr zu sein.

Doch allein was der eine
Für normal,
für den Andren wirr.

Zu leicht nennen wir
Nicht genormtes Irr.

Hast du den gesehn,

den Irren auf der Straße stehn.
Man sagt der sei nicht normal.

Doch wer ist ´man´?

´Man´, kennen wir meist
Gar nicht.
Oft hat sich ausgedacht
Wer die Gschicht.
Um Intrigen zu spinnen,
zu wahren sein eignes Gesicht.

Vorsicht zu walten heißt es hier.
Meist sind auch „Normalos",
irr, nach mehreren Krügel Bier.

Drum denke nach,
bevor du urteilst,
ob irre oder nicht.

Gefühle zu kontrollieren ist
Eine schwere Gschicht.

Kopflos in die Zeit

Das Gegenwärtige, die Vergangenheit.
Heutzutage hat ja keiner mehr Zeit.
Diese nimmt sich keiner mehr,
und dennoch braucht sie jeder sehr.

Man erinnert sich an zeitlose Tage.
Zeitlos deshalb, weil ohne Klage.
Er weint ihr hinterher, doch Zeit dafür,
hat er keine mehr.

Sein Gemüt, sein Tatendrang und seine Lust,
sind gewichen vollem Frust.
Keine Zeit für Gefühle, keine Zeit für Emotion.
Das ist so heutzutage, das wird schon.

Doch wenn es so weitergeht,
und das sag ich euch im Vorhinein.
Dann werden die Gedanken zeitlos,
aber die Zeit wird gedankenlos sein.

Ob es euch dann noch zu Leben freut,

denn das wäre so, als stürzten wir
kopflos in die Zeit.

Tagebuch einer Panikattacke

Liebes Tagebuch
heut beging ich einen Einbruch
ins Emotionstal eines jungen Burschen.
Er wollte aber ich ließ mich nicht erwischen.

Ich trieb ihm den Schweiß aus
der Stirn und Schweiß aus den Poren.
Er konnte sich nicht wehren.
Tja, so war er hilflos verloren.

Ich jagte ihn, Panik machte sich breit,
ach wie sehr mir mein Job gefällt,
wie sehr es mich freut.
Er zitterte und schrie
Ich attackierte ihn wie noch nie.

Erst als er eine Flasche Bier in
die Hand nahm und mächtig davon trank
ja dann fühlte ich mich handzahm
und schlitterte seinen Gedankengang entlang,
solange bis die Wirkung war vorbei,
dann waren ihm meine Angriffe gar nicht mehr einerlei

und so jagte ich ihn weiter,
bis er zitterte und vibrierte
und vor Angst plötzlich kollabierte.
Dann erst hatte ich vom Angst machen genug
und zog mich in sein Unterbewusstsein zurück.

Denn wenn er nicht versteht,
wie man mit Panikattacken umgeht,
er weiterhin um Gnade fleht
und ständig sich im Kreise dreht.

Zukunft

Ich laufe gegen Wände
verwunde meine Hände,
tue alles gegen
dumme Gedanken
welche sich ums
Gehirn hier ranken.

Werde alles tun.
Werde Berge versetzen,
wenns sein muß mich
auf Nadeln setzen.

Für die Zukunft
werd ich alles tun
und erst wenn
das Licht im Tunnel
erscheint, werd ich
in Glückseligkeit
ruhn.

Aufrecht

Schwere Zeiten,
die mir keine
Freude bereiten.

Die Schwachstellen in
meinem Leben,
haben mir sehr viel Saures
gegeben.

Doch in Anbetracht,
dass man selten lacht,
wenn man sich gebückt,
statt aufrecht durchs
Leben bewegt, muss es doch
ein genugtuendes Gefühl sein,
dass man nach schier unmöglicher
Hürdenbeseitigung wieder
voll im Leben steht
und aufrecht wie ein
stolzer Mensch durchs
Leben geht.

Aussichten des Lebens.

Verzweifelt lauf ich durch die
Gänge meines Lebens.
Spul es noch mal im
geistigen Auge ab.

Ich stecke mental
im Herbst des Gefühls-
regens und sehne mich nach
einem Grab.

Zur Welt gekommen
geistig missbraucht,
mit Worten besudelt
und in der Pfeife
geraucht.

Einmal kommt die
Zeit, in der ich auferstehe
und in eine glückliche
geborgene Zukunft
gehe

Danach

Ich denke nach
übers Leben und
dem Danach.

Wie viele Freunde schon
gegangen sind,
ins Jenseits, in den Tod.
Viele wählten den Suizid,
in ihrer Not.

Verzweifelt war ich oft
und suchte Sinn, warum
ich hier eigentlich bin.

Zu verkraften jemanden
zu verlieren, einen Freund
oder gar Verwandten.
Wenn vor Trauer meine
Gedanken brannten.

Doch zu Hoffen bleibt nur,
dass etwas kommt,
welches uns die Ängste vor

dem Tode nimmt.

Um frei zu sein und
gemeinsam, anstatt
allein und einsam.

Danke

Wenn ich so durch meine
Gedanken streif, dass weiß ich jetzt,
die Zeit ist reif.

Abzurechnen mit allem Bösen,
was getrübt, fast zerstört, hat
mein Leben.

Jahre im Suff,
Drogen zu Hauf.
Manchmal dachte ich dass ich
im Sumpf ersauf.

Bis einige liebe Menschen
Sich meiner erbarmten.
Und somit mein Leben erwärmten.

Drum dank ich heute Diesen
und verachte all die Fiesen
Menschen welche zerstörten
mein Sein.

Ehrlich das war wirklich nicht fein.

Das Grauen am Leben

Das Grauen am Leben,
ist am Leben zu sein.

Denn wohin man auch sieht,
es scheint gar nichts fein.
Nur Kriege und Tod.
Kinder die fliehen,
Naturgewalten welche
Verwüstungen mit sich ziehen.

Millionen von Menschen
durch Unrecht gepeinigt.
Ein Unrecht dass sie alle
vereinigt.
Es kann doch nicht wahr
sein, am Leben zu verzweifeln,
während die oberen Zehntausend mit
ihren Luxus die Erde verteufeln.

Mit Abfall ohne Ende.
Spekulationen mit viel Geld,

auf dem Gewissen Milliarden
leerer Hände, welche noch nicht lange
auf dieser Welt.

Sie wollen doch nur Leben.
Doch diese Kotzbrocken
würden ihnen von ihrem Wohlstand
sowieso nichts geben.
Denn zuerst rafft sie die Gier nach Macht,
solange bis niemand mehr lacht.

Sieht man ins Society leben,
denkt sich das arme Würstchen,
"Das darfs doch nicht geben"
Da stolziert diese Kuh mit ihrer Robe,
mit einer Figur wie eine Antilope
und spricht vom Hungern, als wäre
es das normalste der Welt,
dabei hätte sie doch eh genug Geld.

Oder der dicke Monsigneur
mit einem Titel als Ingenieur.
Welcher spricht, als hätt er die
Welt erfunden, dazu lässt er sich
Krimsekt und Austern munden.

Das Würstchen und dessen
hungerndes Kind, sie werden
sich nicht mehr lange darüber
aufregen, denn bald sind sie verhungert
und tot, doch der reiche Mann merkt davon
nichts, nichts vom Mann in Not.

Ja, hier mal ne Charité,
da mal ne Spende, doch
das Geld fließt sowieso
meist nicht in die richtigen
Hände.
Aber das Gewissen sei damit
beruhigt.
Otto Normalverbraucher denkt
nur wieder "Dass es das gibt"

Das Leben ist ungerecht
und für viele kein Segen.
Oft fragt man sich warum
geht's mir schlecht
und warum darf es soviel
Armut geben.

Viele werden ihren Frust
übers Leben in die Welt schreien.

"Das Grauen am Leben ist
am Leben zu sein."

Dein Traum

Neben mir liegst du.
Du durchläufst eben
einen Traum, welcher deine
Lider zum Flackern
und deine Äpfel zum Rollen
bringt.

Ich liege neben dir
und denke mir
Ach wie schön du doch bist.
Wie deine Haare dein
Antlitz zudecken, wie eine
Vogelmutter ihr Kind.

Ich denke mir

was du wohl gerade träumst.
Ist er schön oder schrecklich?
Bin ich bei dir, oder bist du allein?
Macht er dir Angst, oder macht
er dir Spaß?

Und ich freue mich.
Denn es ist bald morgen.
Gleich bist du wach
Ich kann es kaum erwarten,
wieder in dein Antlitz zu sehen,
um dir zu sagen,

Dass ich dich liebe.

Der Duft des Lebens

Inhaliere den Duft
des Lebens, als wäre
es das letzte Mal,
bevor du einen Riesenschnupfen
bekommst.

Denn jeden Tag zu leben,
als wäre es dein Letzter,
ist sicher nicht der
falsche Weg.

Denn nur so kannst du
behaupten, dein Leben
Gelebt zu haben.

Der Sandlerkönig

Hier sitz ich nun, unter meiner Brücke,
bewaffnet mit Einkaufswagerl, Fusel und
ner alten Krücke.
Schmerzhaft hat der Winter meine Zehen erfroren.
Tage später hab ich sie im Schlaf verloren.

Oft mehr tot als lebendig, vegetierte ich dahin
und fragte mich, elendig wie lang ich wohl
noch auf dieser Erde bin.
Von der Gesellschaft wurde ich verbannt,
mir ein Stempel aufs Gehirn gebrannt.

Doch hat mich irgendjemand irgendwann
gefragt, welche Vergangenheit mich in dies
Schlamassel hat gebracht, welches mich
so plagt.
Nein, täglich höre ich

"Schleich dich du Asozialer", oder
"Du bist eh nur ein Krimineller.
Dann würd ich vor Scham
am liebsten in den Keller.

Einst war ich ein bürgerlicher Bürohengst
gewesen.
Hatte Frau, hatte Kinder und etwas Geld
besessen.
Doch ein Schicksalsschlag erschlug den
Anderen und schließlich hieß es wandern.

Und diese Wanderung führte dank Alkohol
unter eben diese Brücke.
Ich schätz das bleibt auch so
dank meiner Krücke.

Und irgendwann, wenn ich mal tot
und am Ende bin,
 hoffe ich dass mich wer vermisst.
Das gäbe meinem Leben
doch noch einen Sinn.

Du bist nicht da

Ich werde frühmorgens
mit einem Gefühl der
unendlichen Leere im
tiefsten meiner Seele
wach.

Denn du bist nicht hier.
Du verweilst im Spital.
Und ich fühlte mich
schon seit einiger Zeit
nicht mehr so leer.

Einsam statt zweisam.
Grausam statt glückselig.

Ich kann meine grausame
Einsamkeit nicht mehr ertragen.
Nun bin ich auf dem Weg
zu dir.

Freude und ein kräftiges
hoffnungsvolles Lächeln
macht sich breit.

Gleich, gleich werde ich die
Zimmertüre öffnen um
dich wiederzusehen.

Jetzt hoff ich nur noch,
du kannst nach Hause
gehen.

Spannung, Ungeduld macht
sich breit," So ich wär jetzt
zur Heimfahrt bereit."

Ich packe dich, wir wandern mit
Gepäck ins Auto, welches draußen
wartet.
Und schon wird der Motor
gestartet.

Ich grinse, wir haben Spaß
und gebe in Richtung Heimat
Gas.
Heute werden wir wieder kuscheln
und gemeinsam unter der Decke
 tuscheln.

Spaß haben wir genug
wir Zwei.
Nur getrennt ist uns nichts
einerlei.

Zweisam statt einsam.
Glückseligkeit statt Grausamkeit.

Ein Gruß

Jeder weiß wie
schön es ist,
wenn einer den
Andern freundlich
grüßt.

Drum grüß ich
heut die ganze
Welt.

Denn eine freundliche
Geste ist oft wertvoller

als alles Geld der
Welt

Eine kleine traurige G´schicht

Tod in aller Ferne.
Tod auch in der Nähe.
Tod soweit man schaut.

Wenn man jung ist und
sich verliebt ein Nestchen baut.
Dann eines Tages unerwartet
der Tod vorbeischaut.

Ein Herzinfarkt, eine Frau
mit Kinder.
Allein und verlassen.
vom Liebsten unfreiwillig
im Stich gelassen.

Wie kann das sein?
Wie geht es nun weiter?

Arme Frau, trauernde Kinder
und schon bald kommt der

Winter.

Kein Haus mehr, kein Geld
und kein Sinn.
Die Drei fragen sich für was
ich hier noch bin.

Doch eines Tages später,
kommt ein edler Ritter,
nimmt die Drei mit auf
sein Schloss, transportiert sie auf
seinem hohen Ross.

Doch alles nur ein
langersehnter Traum der
Kinder und es kommt auch
schon der nächste Winter.

Die Moral von der Geschicht.
Gerechtigkeit gibt's im wahren
Leben selten,
meist aber nicht.

<u>***Einsam***</u>

Es war kalt in jener
Winternacht.
Einsam ging der junge
Mann, der für vieles eigentlich
gar nix kann,
gepeinigt, allein von Gott
verlassen, über diese
Seitengassn.

Alkoholgetränkt, von Schmerzen
geschwängert, sucht er nach
einem Weg welcher sein Leben
verlängert.

Sonst stirbt er hier an
Unterkühlung, einsam allein
und schwach.

So, das wär´s dann mit
ihm und
Gute Nacht.

Emotionen

Wenn du traurig bist,
weine dich aus.

Wenn du krank bist,
mach dir nichts draus.

Wenn du wieder gesundet,
dann geht es dir besser.

Wenn du verliebt bist,
wird dein Herz größer.

Wenn du deine Frau vor dem
Altar erblickst,
lächle.

Wenn du dann dein
Neugeborenes im Arm hältst,
liebe.

Einander zu zeigen was man fühlt,
zeugt von Respekt, dann sind die
Menschen meist auch zueinander

nett.

Arbeit

Im Leben hat man's nicht grad leicht

Oftmals denkst Du dir „es reicht"

Zu viele Menschen sind übergeordnet Dir

Deshalb ertränkst Du deinen Kummer in Bier

Du denkst dir Ach wie wäre es wunderbar

Hätte ich doch ne eigene Firma.

In der ich dann wär der Boss.

Dann wäre immer etwas los.

Ich würde nur mit Leuten zusammenarbeiten

Welche meinem Leben Freude bereiten.

Ich wär dann der Obermacker

Und alle würden für mich rackern.

Betrogen

Dir geht es sehr schlecht.
Deine Liebe wurde betrogen.
Deine Welt ist nicht mehr gerecht.

Du empfindest Hass.
Du wurdest belogen.
Deine Empfindung entwickelt sich krass.

Du könntest die Wurzel deines Übels töten.
Dein Selbstwertgefühl geht flöten.

Du könntest diesen Menschen die Augen ausdrücken.
Und ihm beim Bücken,
in den Hintern treten,
und danach seinen Körper mit einer
Dampfwalze kneten.

Doch das würde dich nur in
Nöten bringen,
und du kannst deinen geliebten
Menschen nicht zur Liebe

zwingen.
Deshalb bleib ruhig und
lache heiter, denn das
Liebesleben geht auch mit

Anderen weiter.

Das Leben ein Dilemma

Tod, soweit man schaut.

Ein Leben, vor dem mir

graut.

Nichts wird mehr viel

besser.

Nein, der Schmerz wird

nur noch größer.

Azrael

Eiseskälte überfällt mich,
Während ich gepeinigt,
unsäglicher Schmerzen
auf die andre Seite blicke.

Ich fühle mich elendig
schwach, es reißen
alle Stricke.
Er nimmt mich, nicht mit,
nein, er zieht mich rüber.

In des Todes stumpfe
Auge ich blicke,
und an seiner
gallertartigen Masse,
welche überall, immerdar ist,
beinahe ersticke.

Todesschreie, Marterrufe,
Qual der tausend Seelen,
wenn er an deine Hülle kommt,

den Kern wird er dann quälen.
Azrael der Todesengel,
er schleicht nachts nah
an dich heran.
Wenn deine Zeit dann abgelaufen,
nun, dann bist du wohl dran

Das Ende

Es stirbt der Baum

denn tot ist nun sein

Lebensraum.

Dann stirbt der Mensch

und dann dass Tier.

Noch ehe man es sich

versieht sind wir

alle nimmer hier

Frei

Der langgehegte Traum der Menschen,
fliegen zu können, lässt mich im Gedanken
ruhn, es auch einmal zu tun.

Drum kaufte ich mir ein Ticket
und flog mit dem Flugzeug
über den Wolken frei wie ein
Vogel in den Urlaub.

Das Gefühl ließ mich nicht mehr
los, solang bis einige Zeit die Donau
runter floss und ich es wieder genießen
durfte, da ich wieder über den Wolken surfte.

Jetzt weiß ich was der Traum bedeutet.
Frei zu sein wenn ein Flugzeug startet.

<u>Frei von Liebe</u>

Während sich die Sonne
mit blutrot verschleiertem
Abendrot umgibt,
ein Pärchen sich am Ufer
des Sees mit romantischer
Inbrunst liebt.

Kennen gelernt erst
vor kurzer Zeit,
jedoch schon zu
Fleischeslust bereit.

Zwei Stunden währte
das Duett der Liebelei
und erst nach genüsslichem
Schrei, ist das Gehirn der
Beiden von Gedanken,
Zwängen und Instinkten frei.

Frei fürs Leben
Frei für eine gemeinsame Zukunft
Frei für eigene Wege
Und frei für Vernunft.

Doch frei zu sein bedeutet
für jedem etwas anderes

Für Papa

Im Grund von meim Herzn
bestaund mei Lebn immer nur
aus Sehnsucht und Schmerzn.

Du woast z fruah weg, host a ned
aundast kennan.
I woit aus Kummer
und verlorena Liebe ausn Lebn
rennan.

Hätt braucht dei Liab
Hätt braucht dei Lob.

Waßd du nau do
wads Lebn ned so grob

Zu mir, so wias woa zu dia.
Foische Freind, bülliga Fusl
hod beitrogn zum Lebnsgewusl.

Bist eines Toges gaunga bist,
du woitst des Laund valossn.
Einsaum auf da Bundesstrossn.

A Epi Aunfoi hod di niedagstreckt,
kuaz drauf bist elendig in da
Ockaerd vareckt.

Oh Papa, a Wöd is gstuam für mi,
mei Papa und mei gaunzes Lebn woa hie.

I hob mi deswegn bis heit
ned dafaungt, i hob jo nur dei
Liab und ned a Vamögn valaungt

Doch heit waß i
ma muaß loslossn kennan
und ned vorm Kummer davonrennan.

Drum griaß i heit aufd
aundre Seitn.
Mochs guad Papa,
i hoff i kaun da do nau a
Freid bereitn.

Gedanken

Ich denke also bin ich.
Ein Satz, der an sich richtig.
Doch zum Sein gehört, sich zu freun,
frei zu sein.

Sowie auch meine Gedanken,
welche unsichtbar ums Gehirn
sich ranken.

Darum muss man sich bedanken,
dass Gedanken frei sind,
auch wenn so mancher Gedanke
Intrigen spinnt.

Doch besser wär´s dass man sie nütze,
Das wär auch eine Lebensstütze.

Gott

Oh mein Gott,
so sagen wir
zu allen Gelegenheiten.

Doch übers. Thema Gott,
lässt es sich prima streiten.
So spricht Mancher eins
des Häufigeren mit Gott.
Die Andern meist nur
in größter Not.

Doch Glauben ist so
eine Sache und ich
denke mir „dass ich nicht lache",
bei den Meisten doch
nur Heuchelei.

Oder hat Glauben etwa

doch einen Sinn?
Denn wenn ich denke,
dass ich hier bin
und dazu noch denken kann,
da fängt man schon mal
zu grübeln an.

Ob es doch noch eine
Gottheit gibt, die
uns alle Menschen gleicher-
maßen liebt.

Gstrittn

I staumpf do duach
a koide Wintanocht.
Voa ana Stund nau
hätt i ma ned docht.

Das i jetztn voa da
Tia steh, außegflogn
allan, a Doch üban Kopf,
passe.

Jetzt staumpf i duachn Schnee.

Gstrittn hob i, Zwißtigkeitn.
Ma deaf jo a amoi streitn.
Jetzt waß i ned wohie,
außadem bin i fett,
ham geh i jetzt sicha ned.

Zeascht haßts nüchtan weadn.
Daun kaun ma vielleicht
noamaler redn.

Jetzt leg i mi amoi

aufs Parkbankerl.
Nua muaß i aufpassn,
sunst gfria i wia a
Gemüsestangerl.

Moagn jo moagn daun,
daun geh i ham.
Daun red ma uns zsaum.

So oda so ähnlich,
hob amas docht.
Zum Obschied sog i nau

Guade Nocht.

Ich lebe

Ich liege hier und
starre an die Decke.
Und denke was,
wenn ich jetzt verrecke.

Wird es jemanden jucken,
oder werdns mit den
Schultern zucken.
Wird es Jubelschreie geben,
oder werdns gar ein
Bierchen heben.

Dann denk ich an
mein Töchterlein,
die würd sich
echt nicht freun.

Und auch mein
Schwesterherz,
würd betrüben
dieser Schmerz.

Und sinniere während ich

an die Decke starre.
Was denk ich überhaupt
an den Tod, nein, denn
ich lebe und nur das
ist das Wahre.

Der letzte Tag

Oftmals frage ich mich, was ich täte,
wenn ich nur noch einen Tag zu leben hätte.

Ich würde erst mein Konto leer räumen,
um an diesem Tag ja nichts zu versäumen.
Danach würd ich essen ohne Ende
und neben die Muschel pinkeln,
ohne zu waschen meine Hände.

Ich würde ins Bordell gehen,
um die schönsten Frauen zu sehen.

Ich würde über mein Leben nachdenken,
und meinen Liebsten viel
Aufmerksamkeit schenken.

Ein letztes Mal würd ich noch der Sonne
beim Eintauchen in den Horizont zuschauen
und auf ein Leben Danach vertrauen.

Da wüsste ich dass mein Leben wär zu Ende.

Zum Abschluss reichte ich noch jedem die Hände,
wünschte ihnen noch alles Gute im Leben,
und würd mich zur letzten Ruhe legen.

Meine Tochter

Der Tag, an dem du,
das Licht der Welt hast
erblickt, hat mein Herz wie
nie zuvor verzückt.

Dich im Arm zu halten,
dir dein Fläschchen zu
geben, ließ mich wieder
neu aufleben.

Du bist das Um und Auf in
meinem Lebenslauf.
Gerne ich dir die Welt
zu Füssen lege
und dich erst recht wenn
du erkrankt bist wie niemand
Andern pflege.

Seit der Trennung von deiner
Mutter, ist das leider nicht
so einfach, doch immer aufs Neue,
wird bei einem Küsschen von Dir
mein Herz schwach.

Drum vertraue drauf,
dass ich dir immer beistehen werd
und zusammen stehlen wir noch so
manches Pferd, denn ich weiß wie
du diese magst, auch wenn du´s mir
nicht immer sagst.

Sinn des Lebens

Tagein, tagaus,
denk ich nach
und denk "oh Graus",
was ich hier eigentlich
mach.

Es ist doch jedn Tag
derselbe Mist,

welcher zu Hauf
getürmt hier ist.

Schule, Arbeit,
Altenheim.
Am Ende sind wir doch
allein.

Und die Moral von
der Geschicht.
Einen Sinn im Leben,
gibt's für viele nicht.

Die Katze

Sie beobachtet ihre Umwelt
mit akribischer Genauigkeit
selbst in dunkelster,
kältester Nacht.
Geschützt und gestärkt
durch dichtes Fell
und integriertem Nachtsichtgerät,
sie alles und jeden völlig
problemlos erspäht.
Sie ist und bleibt
für alle Ewigkeit gar nicht
wie oft behauptet ein Tier,
welches soll sein gar primitiv,
denn es ist, wäre es ein Mensch,
der beste und klügste Detektiv.

Weihnachten

Wenn Väter und Mütter
entnervt durch die
Straßen rauschen,
um Geschenke zu kaufen,
welche sie nach dem
Fest sowieso wieder
umtauschen.

Wenn die 3 Könige
in der Kneipe stehn
und verzweifelt um
Auskunft flehn.
Zu finden das heilige
Kind.
In der Krippe mit Vater, Mutter
Schaf und Rind.

Und wenn das Gehen
in Geschäften mit unzähligen
Geschenken wird schwer.
Dann wirst du merken.

Es weihnachtet sehr.

<u>Das Leben ein Marathon</u>

Das Leben ist wie
ein Marathonlauf.
Man startet energiegeladen
ins Leben.
Durchläuft die einzelnen
Stationen, und teilt sich
seine Energien ein.
Und je weiter man zum
Ziel kommt, desto
schwächer wird man.
Und erst am Ende
weiß man, ob es
erfolgreich war.

Kreislauf des Lebens

Hörst du das Weinen
Der trauernden Kinder
Deren Väter frühzeitig
Zu Tode kamen.

Einst begann das Leben
Der Kleinen aus des Vaters
Samen.

Es ist wahrhaft ein Trauerspiel,
dass Kinder allein
gelassen werden.

Glück, Besonnen und Zufriedenheit
Würde man ihnen wünschen,
den zierlichen kleinen und
unschuldigen Menschen.

Aus welchem Grund ihre Väter starben,
verstehen sie nicht.
Auch eine Besserung der
Lage ist keine in Sicht.

Denn während ihre Väter
In des Lichtes schein gehen,
können diese kleinen Mäuse
weit und breit nur
den Verlust und die Trauer
sehn.

Ihre gesamte Hoffnung
Ruht nun auf dem Rücken der
Mütter.
Aber auch für sie ist
Das Leben nun bitter.

Allein mit einem Kinde,
abhängig von Hoffnung und
Unterstützung, da braucht auch
Sie die Hilfe ihrer Eltern.

Und genau hier endet
Der Kreislauf im Leben,
wenn Eltern uns ihre
Liebe geben.

Himmel

Wie wird es wohl sein,
wenn man tot ist?

Ob uns dann ein Schein
dem erleuchteten Weg weist?

Werden unsre Lieben und
Verwandten uns mit Freude
erwarten?

Oder stehn wir einsam und
alleine vor der Himmelspfortn.

Werden Engelsharfen den
musikalischen Hintergrund
bilden?

Oder wird uns Rockmusik
erwarten.

Möglicherweise wird Jimi Hendrix
seine Gitarre starten.

Doch die Wahrheit ist,
dass man oft vergisst,
das der Tod uns erst
erwartet, wenn das Leben
zu Ende ist.

<u>*Ängste (Eine Kurzgeschichte)*</u>

Der junge Mann, welcher so um die 16 Jahre alt war und mit seinem
dunklen Teint eher wie ein Südländer als wie ein Österreicher aussah,
stand vor dem großen Balkonfenster und sah zu wie in den fremden
Häusern in die er durch deren Fenster sah, Bescherung gefeiert wurde.

Trauer spiegelt sich in seiner Miene wieder. Trauer über das verlorene zu
Hause.
Ein zu Hause, welches schon lange keines mehr war.
Denn sein Vater und Vorbild war schon lange tot.
Und mit dem was übrigblieb, verstand er sich so gar nicht.
Michael, so hieß dieser junge Mann, er würde im Laufe der Jahre bockig.
Und er begann vor Trauer und Angst zu Trinken.
Angst vor dem Leben, Angst vor der Zukunft und Angst vor den
Menschen.
Angst regierte sein trauriges, erbärmliches Leben.
In der Schule begannen seine Probleme, welche im Arbeitsleben, er war
Lehrling, immer schlimmer wurden und er sie nur mit Alkohol und Drogen
bändigen konnte, scheinbar.

Eines Tages verlor er dann auch noch seinen Ausbildungsplatz und sein
Abstieg war besiegelt.

Damals wurde er von seinem Stiefvater vor die Tür gesetzt und er fand Unterschlupf bei zwei Ex-Knastbrüdern, welche ihn mit offenen Armen empfingen.
Michael stand nur da, in deren Wohnung, seinem neuen Unterschlupf und sah wildfremden Menschen bei der Bescherung zu.
Tränen kugelten über seine Wangen, Tränen des Verlustes.
Des Verlustes eines normalen Lebens. Eines glücklichen sorglosen Lebens.
Ein Leben ohne diffuse Ängste, welche ihn in den Wahnsinn zu treiben schienen.
Er hatte außer seiner Freundin Susi, welche ihm aufopfernd beistand, niemanden.

Mit den Meisten war er zerstritten. Zu viel Blödsinn hatte er sich in der Vergangenheit geleistet, zu viel was ihm seine Freunde nicht verzeihen konnten.
Doch Susi war nicht hier, sie musste zu Hause bleiben, mit ihren Eltern Weihnachten feiern.
Verzweiflung machte sich in Michaels Mimik breit.
Wie sollte es nun weitergehen. Wie lange würde Susi ihm noch beistehen.

Zu einem Psychologen wollte er nicht, obwohl er ihn dringend benötigen würde.
Oft sprach Susi über einen Besuch bei einem Psychologen.

Doch sie stieß bei ihm auf taube Ohren.
Denn Michael hatte andere Pläne.
Sein Plan war der Suizid.
Entweder sich zu Tode saufen oder anders.
Und an diesem Abend war bei Michael die Verzweiflung groß, zu groß.

Als er da so auf der Bank im Wohnzimmer saß und der Musik lauschte,
entschloss er sich dazu sich das Leben, welches er mit all seinen
Ängsten nicht mehr ertrug, zu nehmen.
Also setzte er sich in die Badewanne und schnitt sich mit einer
Rasierklinge die Pulsadern auf.
Nun hieß es warten, während er den Schmerz der Schnitte verspürte.

„Michael, Michael", er spürte ein klatschen auf seiner Wange.
Er spürte es nur mehr im Unterbewusstsein.

„Wo bin ich?", Michael hatte keine Ahnung, tot konnte er nicht sein, denn
Susi saß neben ihm und war der erste Anblick, als er die Augen öffnete.
„Was machst du für Sachen?"
Michael wurde verlegen und sagte erstmal gar nichts.

„Wieso bin ich nicht tot?"
Susi erklärte ihm, dass sie sich Sorgen um ihn machte und nach der
Bescherung zu ihm fuhr, sie hatte irgendwie ein mulmiges Gefühl, sagte
sie, während ihr die Tränen runter kullerten.

Susi mit ihren 19 Jahren, blondem Haar und sehr hellen Teint war auch ein herzerwärmender Anblick, bei dem Michael nicht mehr verstand, dass er sich töten wollte.

Als Susi bei Michaels Wohnung ankam lieg sie rauf und zum Glück besaß Susi einen Schlüssel, also trat sie ein.
Sie fand ihn nirgends, aber sie hörte ein Stöhnen im Badezimmer.

„Michael, mir blieb fast das Herz stehen, als ich dich da fand."
„Wie konntest du das nur tun?"
„Ich liebe dich doch."
Michael wurde verlegen und lächelte zu ihr rüber.

Als plötzlich auch seine Mutter das Zimmer betrat.
Er hatte seit Monaten nichts mit ihr gesprochen, doch Susi hatte sie informiert.
Auch Resi, seine Mutter machte sich Sorgen um ihren Ältesten. Nach langer Aussprache stand fest, dass Michael in Zukunft zu einem Psychologen gehen würde und wieder zu Hause einziehen könne.

Drei Monate später:

Michael besuchte regelmäßig Dr. Berger, welcher mittels Medikamente und viel reden, seine Ängste etwas minimieren konnte.
Michael trank seit dem Vorfall in der Badewanne keinen Tropfen mehr.

Und Susi war an seiner Seite die größte Stütze die man sich nur
vorstellen konnte.

Tonis tiefer Fall
(Eine Kurzgeschichte)

Anton war ein junger stattlicher Mann, welcher Freunde ohne Ende hatte.
Freunde hier, Freunde da, es war echt ein Stress.
Und wo man wem kennt, wird auch gern gesoffen.
So war es auch, dass Anton gerne soff und zwar zu gerne. Die Tage
wurden immer kürzer und die Nächte selbstverständlich länger.

Montag fing der Trott an, mit einigen Bieren nach der Schule. Anton war
16 und besuchte die Handelsakademie, wo er aber immer gröbere
Troubles bekam, da er oft nicht erschien. Stattdessen saß er lieber im
Kaffeehaus und trank ein Bier nach dem Anderen.
Bis eines Tages seine Eltern zum Rektor zitiert wurden.
Was rauskam?

Eine miese Betragensnote und Androhung ihn rauszuwerfen.
Doch Toni kümmerte dies nicht, er trank weiter und wurde Zunehmens heiter bis er aus seinem Lieblingslokal flog.
Er sagte nur, „Burschen, kommts mit, wir brauchen dieses Lokal nicht."
Doch was passierte, erstaunte ihn. Denn niemand folgte ihn, zu besoffen war er. Niemand nahm ihn mehr ernst.

„Warum kommt ihr nicht mit?", wollte er wissen.
Keine Antwort war auch eine Antwort, dachte er sich.
Und stürmte wutentbrannt bei der Türe raus.
Lange torkelte er durch den Schnee, es war tiefster Winter und kurz vor Weihnachten, und dachte nach, warum er sich soeben zur Witzfigur gemacht hatte. Doch er ging nach Hause und schlief seinen Rausch aus.

Nur einen Tag später ging es wieder von Vorne los, der Kreislauf Alkohol, Party, noch mehr Alkohol, Rauswurf.
Irgendwann, Monate später spannte er im Rausche des Fusels seinem besten Freund das Mädchen aus.
Plötzlich war niemand mehr an seiner Seite, auch das Mädchen verließ ihn wieder, nachdem sie seine Eskapaden satt hatte.

Mit der Zeit zerstritt er sich sogar mit seinen Eltern und landete auf der Straße, doch er trank begeistert weiter.

Eines Tages, Toni war obdachlos und ging nicht mehr zur Schule, denn er flog auch dort raus, nahm er Drogen welche er für etwaige Liebesdienste an alten Männern bekam und jagte diese freudestrahlend in seine Vene.

Seine letzte Tat, denn kurz darauf verstarb er.

Niemand trauerte.
Niemand kannte ihn.
Ein Unbekannter spritzte Heroin.
Nahm Drogen, was mit Alk begann,
denn er wollte sein ein cooler Mann.

Doch was übrigblieb war nur ein Clown.
Eine Witzfigur, traurig anzuschauen.

Armut

Die Zeit der Armut
ist eine Zeit, wo es
einem nicht zu leben freut.

Die Hoffnung auf ein
besseres Leben kann
einem auch nur Trost geben.

Aber die Zeit des Reichtums,
sollte eine Zeit voll Glück
und Zuversicht sein.

Doch was es oft aus einem
Menschen macht, nämlich
einen Menschen der selten
lacht, knausrig wird und
das Leben nicht mehr
schätzen kann.

So macht zwar die Armut
nicht glücklich, doch
man hat Hoffnung und

echte Liebe erfahren.

Schön

Das Schöne im Leben
ist kaum zu beschreiben.
So wie es ist, so kann es
bleiben.

So spricht manch einer,
schön im Leben ist oft nur
am Morgen wach zu werden.

Für den Anderen wiederum,
wären solche Kleinigkeiten
dumm.

Für ihn zählt nur das schnelle
Geld, denn das mach am
glücklichsten auf dieser

Welt.

Da sieht man, was für den
Einen schön, für den Anderen
dumm, doch es gäbe da noch
tausend Gründe, welche wiederum
zum glücklich sein animieren würden.

Drum lebe das Leben so wie
es dir gefällt, sei es mit Glück am
Morgen, oder mit dem
schnellen Geld.

Lebe dein Leben

Lebe dein Leben
und nicht deine
Krankheit.

Welche weitverbreitet
in der heutigen
Zeit.

Denke daran was
du schaffen willst.
Und mit Verzweiflung
nicht dein Ego killst.

Denke an die schönen
Momente im Leben,
denn nur die können
dir die Kraft für
deinen Weg geben.

Genieß dein Leben

Tage kommen, Tage gehen.
Ohne dass wir Menschen
das Gute sehn.

Immer nörgeln wir herum.
Die Arbeit, der Tag und das
ganze Leben ist dumm.

Doch wenn wir mal die Augen
öffnen würden, für das Schöne,
würden wir sehn, dass es
durchaus schöne lebenswerte
Dinge im Leben gibt.

Zum Beispiel, wenn ein Mensch
den Andern liebt.

Wie Vögel ihre Kreise ziehn
und Kinder mit ihren Eltern spielen.

Genießt das Leben, denn
es kann dir so viel schönes
geben.

Ich irre durch die dunkle Nacht.
Was habe ich denn nur gemacht.

Ich wollte das doch alles nicht.
Doch im habe sie betrogen, auch aus
Meiner Sicht.

Für Worte sei es jetzt zu spät.
Oh Gott, was war ich blöd.

Jetzt sauf ich mir die Birne weg,
und lande anschließend wieder
im Dreck.

Aus dem sie mir einst geholfen hat.
Bitte glaube mir, es tut mir leid.

Mein Engerl

Eines schönen Tages, saß ein Engel
auf meiner Schulter.

Ein Engel so schön mit langem Haar.

Er flüsterte mir vier Worte ins Ohr.
Es war mein Engerl, wie wunderbar.

Diese vier Worte, welche mir
ein Lächeln ins Gesicht zauberten.

Und mir das Gefühl gaben,
geliebt zu werden.
Der Engel zwinkerte mir zu,
bevor er flog.

Und ich glaube nicht
das der Engel log.

Denn was mir vom Engerl blieb,
waren vier Worte, „Ich hab dich lieb"

Betrogen
Eine Kurzgeschichte

„Verdammt, was hab ich nur gemacht."
Eine Kippe von sich wegwerfend, fluchte er den einen oder anderen Satz.
„Wie kann man nur so blöd sein."
Er wusste was er Sandy angetan hatte.

Thomas, ein Junge von 19 Jahren mit blondem Haar und
Sommersprossen ohne Ende und Sandy, waren seit zwei Jahren ein
Paar.
Während sie, ein Mädchen von 20 Lenzen ebenfalls blond und äußerst
hübsch, eher schon für die Zukunft plante, war er mitunter der Typ zum
Party machen.
Weiters legte sie sehr großen Wert auf Treue.
Doch er betrog sie, einmal, im Suff auf einer Party, vor Sandis Augen.

„Verpiss dich aus meinem Leben", spuckte sie ihm noch vors Gesicht und
weg war sie.
Weinend, wie ein Kleinkind vor sich hinkauernd, fanden ihn Freunde auf
einer Parkbank.
Nach langem zureden konnten sie Thomy überzeugen dass er mit ihnen
mitkommen sollte.

„Genau", noch von den Bieren gezeichnet, wankte er Richtung Disco, im Gepäck seine Kumpels.

„Jetzt haun wir auf dem Putz", grölte er, während er sich Bier und Wein rein zischte.

6Uhr morgens:

Völlig besoffen und vollgekotzt lag er auf der Wiese hinter der Disco, während er langsam zu sich kam.
Schnell war klar, dass war kein Traum, Sandy war weg.

Erstmal Sandy anrufen. Er holte sein Handy rauß und klingelte durch.
„Was?", ertönte es forsch am anderen Ende.
Etwas eingeschüchtert, heulte er los, „Bitte ich liebe dich, es tut mir leid."

Kurzes Schweigen von Sandis Seite, „Nein mir tut es leid, dass ich dich kenne" und legte auf.
Nachdem er sich zu Hause gewaschen hatte, war sein erster Weg zu ihr.
Völlig entnervt, zitternd und geistig in der Angst sie zu verlieren, fuhr er die 2 Kilometer zu Sandis Elternhaus.

Doch die Tür blieb verschlossen, nur ihre Mutter schrie von oben runter, „Lass ihr Zeit."

Diese Worte nahm Thomas sich zu Herzen und fuhr ins nächste Lokal,
wo er sich besinnungslos trank.
Irgendwann morgens, als das Lokal seine Pforten schloss, wurde auch er
vors Lokal befördert und zwar etwas unsanft, da er rabiat wurde.

Anschließend machte er etwas, dass sich als großer Fehler entpuppte.
Er startete seinen Wagen und gab trotz extremen Alkoholeinflusses Gas
und zwar mächtig.
So mächtig, dass er aus der Kurve flog, sich sein Auto überschlug und er
nach zirka 15 Minuten im Auto liegend gefunden und ins Krankenhaus
transportiert wurde.

Er war nicht sonderlich schwer verletzt, aber lange Zeit bewusstlos.
Als er im Spital zu sich kam, glaubte er einen Engel zu sehen, denn
Sandy sah ihn händchenhaltend sorg und vorwurfsvoll an.

„Ich hatte Angst um dich", fauchte sie ihn an.
Thomas musste lachen, doch er hatte starke Rippenschmerzen und
krümmte sich dabei während er an den Schläuchen der Infusionen hing.
„Wir müssen reden", sah sie ihn sehr ernst an.
„Ich kann dir das nie verzeihen, weißt du das?"

Er nickte und sie redeten geschlagene vier Stunden als sie sich
überglücklich um den Hals fielen, so gut es ging.

Thomas konnte fürwahr behaupten, dass er diesmal Glück im Unglück hatte.

Die gute Tat

Ich kröne meinen Tag,
mit einer guten Tat.

Mal sehen ob mich dann wer mag,
den ich mit einer guten Tat,
den Tag erhellt hab.

Natürlich kann es sein,
dass der Beschenkte sich benimmt,
wie ein Schwein.

Dann wäre es doch fein,
dass man wem erwischt,
der meine Tat zu schätzen weiß.

Das wäre eine Auszeichnung
und für mich der schönste Preis.

Für die Mühen meiner Arbeit,
dass sich mein Gegenüber freut.

Santa und der Osterhase

Oh Graus, oh Graus,
der Weihnachtsmann
ist nicht zu Haus.

Er sitzt beim Osterhasen
und trinkt Rum mit Tee.

Da rennt den ganzen
Tag der Schmäh.

Die Zwei wissen wie man
feiert, auch wenn der
Santa dann besoffen
nach Hause eiert.

Neue Liebe, alter Schmerz

Gleisendes Licht erhellt mein Herz.
Eine Wohltat nach diesem elendigen Schmerz.

Den ich einst hab durchgemacht
Und der mein Herz so sehr geschwächt.

Da erschien mir dieses schöne Wesen,
mit Licht im Innern, so war´s gewesen.

Das sie mich ins Leben hat gebracht
Und mir mit Liebe den Hof gemacht.

Ich musste nicht lange überredet werden,
mit ihr mein restliches Leben zu verbringen.

Laster

Saufen, rauchen, Frauen
verbrauchen, machen die meisten
Männer gleich zum Schwein.

Doch wolln die Männer
aber nur Genießer sein.

Doch hat man erstmal
einen Ruf, hört das Gerede
niemals auf.

Davon können viele Menschen
ein Liedchen singen, wenn
andere sie in Verruf bringen.

Fernsehen im
Wandel der Zeit

Gewalt, Frauentausch und
Richtershows,
So sieht das heutige
Fernsehprogramm aus.

Wohin sind die Zeiten
Die mit Familienshows viel
Freude bereiteten.

Wo Familien im Wohnzimmer
zusammensaßen, Popcorn,
Chips und Süßigkeiten aßen.

Vorbei sind die idyllischen
Fernsehzeiten, welche
nicht wie heute die
Familien entzweiten.

Als Familie noch eine Einheit war,
das waren Zeiten, wunderbar.

Spielplatz

Seilbahn, Schaukeln
Rutschen, lassen unsere
Kinder oft auf dem
Spielplatz entflutschen.

Der Übereifer bei diesem
Angebot, wo alles erlaubt,
kein Verbot, lässt die kleinen
Würmer glücklich sein.

Das finden nicht nur
wir Erwachsenen fein.

Denn am Abend, wenn
dann für Papa und Mama
das Fernsehprogramm beginnt,
schläft ganz erledigt das
süße Kind.

Sinn des Lebens

Vor langer Zeit
besuchte ich die Welt.

Ich lief hin und her
und suchte den Sinn.
Für was ich hier auf
Erden denn eigentlich bin.

Dann fand ich die Liebe
Zur Musik.
Zum Heavy Metal, der Klassik
und dem Hip-hop.

Nur nicht Volksmusik,
die fand ich schon als
Kind beklopft.

Heute mache ich mir meine
eigene Symphonie.
Und fand jetzt den Sinn des
Lebens, bin glücklich
wie noch nie.

Dichten

Beim Schreiben kann
ich leben.
Kann geliebten wie auch
fremden Menschen etwas geben.

Gefühl wie Leidenschaft,
das habe ich inzwischen
schon gerafft.

Dass Gedichte oft
ein Herz berühren,
das sie im tiefsten
Innern noch verspüren

Dem Dichter gebührt
dann der Dank der Leute,
das war schon immer
so, gestern wie auch
heute.

Geld

Nachdenklich stimmt mich
die Tatsache, dass das Wort
Geld über alles bestimmt.

Sogar übers Leben, welches
eigentlich das Heiligste überhaupt
sein sollte.

Doch in einer Welt, in der
keiner genug kriegen kann.
Egal ob Frau oder Mann.
Da sind beide Geschlechter gleich.

Keiner will arm sein,
alle nur reich.
Und wenn sie es nicht sind,
dann tun sie so.
Denn das macht auch
Otto Normalverbraucher
froh

<u>Zärtlichkeit</u>

Als ich noch ein
Kleinkind war,
da nahm ich jede
Berührung liebend
wahr.

Willkommen waren
Zärtlichkeiten.
Welche mir viel Freud bereiteten.
Doch je älter ich wurde,
desto größer wurde
das Leid.

Der Frust über Erlebtes
und nicht Verkraftetes.
Ich schloss mich ein,
machte nur Randale.
Das Leben war nur mehr
eine einzige Qual.

Das Ende sehnte ich herbei.
Das Leben war mir einerlei.

Bis ich eines guten Tages,
eine zärtliche Berührung vernahm.
Das fand ich sofort angenehm.
Es erinnerte mich an die
Zeiten, in der mich Berührungen
erfreuten.

Zärtlich und offen wurde ich
wieder.
Dank der Liebe ist mir mein
Leben nicht mehr so zuwider.

Glauben

Oft sprechen wir zu Gott.
Meistens aber nur in Not.

Nie hat ihn wer gesehen.
Trotzdem wir zum Himmel flehen.

Wenn unser Leben aus den Fugen,
wir uns mit Heuchelei nur selbst
belügen.

Drum hat es nur einen Sinn im Leben.
Von Anfang an zu glauben, Gutes tun
und Liebe zu geben.

Blätter des Todes

Viele Todesblätter haben wir gesehen
im Leben.
Parte zettel, welche die Trauer in uns
anregen.

Zettel de Todes haben vieles gemein.
Mit einem Spruch, am Kopf den Namen
des Verstorbenen in seiner letzten Stund,
allein.

Ein Foto von ihm, seine Daten.
Wie er starb können wir nur raten.

Doch wer ihn kannte, der wusste
bescheid.
Nach einem Begräbnis es uns
oft nicht mehr zu Leben freut.

Aber das Leben es muss
weitergehen, in der Hoffnung dass
wir uns im Jenseits wieder sehen.

Bienenherz

Alleine fliegt die Biene,
traurig von Blume zu Blume.

Es hat keine Freunde ist allein.
So kann es doch nur traurig sein.

Viel lieber würd sie spielen mit Freunden,
fangen, verstecken doch sie ist allein.

Im Streit um eine Blume, haben sie
sie allein gelassen.

Die Trauer darüber,
kann sie noch immer nicht fassen.

Ob sie sich entschuldigen sollte.
Vielleicht, sie überlegt noch.

Und schon nach kurzer Zeit,
wird bereits ihr Wille schwach.

Es tut mir leid, es tut mir leid.
Doch eine Biene sehr schnell

verzeiht.

Sie empfangen sie mit offenen Armen.
So etwas lässt ein Bienenherz erwärmen

Ostern feucht fröhlich

Wenn der Osterhase
die Eier versteckt.

Das Kindlein das Nest entdeckt.
Die Eltern sich an der Freude ihres
Nachwuchses erfreuen.

Wir nicht bereuen,
das Osterfest zu feier.

Auch wenn die Väter,
am Abend besoffen
vor das Wirtshaus reiern.

Wenn Kinderaugen strahlend
fein und Eltern im Stress versinken,

dann geht der Papa abends
gern noch einen trinken.

<u>Das Häschen</u>

Ein kleines Häschen, es
kauert am Straßenrand.

Seine Mama war in
ein Auto gerannt.

Die Mama ist tot,
er kann es nicht fassen.
Das ist zu viel für einen
kleinen Hasen.

Doch plötzlich, was passiert
jetzt?
Ein Mensch, eilig aus dem
Fahrzeug hetzt.

Bevor auch dem Häschen
etwas passiert, hat
der Mensch den Hasen
einkassiert.

Das Häschen hat Angst,
fürchtet um sein Leben.

Als ihn die Menschen plötzlich
etwas zu trinken geben.

Das Häschen denkt ängstlich nach,
trinkt mit Vorsicht aus dem
Fläschchen.

Es gibt doch noch Menschen,
die nett sind zu einem Häschen.

Chatten

Hier sitz ich nun
vor meinem PC
und chatte mit der
Welt, juchhe

Heute mit einem Engländer.
Morgen mit einer Japanerin.
Man braucht nicht mal vor die
Türe, das hat Sinn.

Doch im Zeitalter, wo unsere Kinder
online kommunizieren,
können durch Leichtgläubigkeit,
viel mehr Verbrechen passieren.

Drum achtet drauf,
mit wem ihr chattet.
Man weiß nie, ob wer
da ist der einen dann
rettet.

Depressiv

Ich sitze allein im Dunkeln hier
und trinke Rotwein, Schnaps und Bier.

Hier sitz ich nun allein.
Nichts freut mich mehr.

Nun sitz ich hier und wein ein
Tränenmeer und frage mich
für was ich hier denn eigentlich
bin.
Das Leben macht für mich nun
keinen Sinn.

Keine Freude, nur mehr
Angst vorm Leben.

Nichts kann mir mehr
einen Sinn geben.

Und während ich da so
sinniere, denk ich mir,
es muss doch irgendwie
weitergehen.

Nun geh ich schlafen,
wir werden morgen
weitersehen.

Doch der Sinn im Leben
ist Liebe zu sähen,
in der Hoffnung Liebe zu ernten.

Dann wird das Leben
weitergehen.

Liebe der Menschen

Ist Liebe in einer
Zeit, welche geprägt
von Gewalt und
Abartigkeit im
wahren Sinne noch
möglich?

Doch vielmehr
ist wahre Liebe
zeitlos und instinktiv
an den Menschen
angepasst.

Denn wer will schon
alleine leben und sterben,
als das ganze Leben
wie ein Balzhuhn
werben

Stress zu Weihnachten

Das Weihnachtsfest,
es ist zum Weinen,
es sollte uns doch alle
vereinen.

Doch vielmehr bringt es
die Menschen auseinander.
Durch Stress um Geschenke
zu ergattern im letzten Moment.
Wenn Mann und Frau
Vater und Mutter durch
die Einkaufsstrasse rennt.

Erschöpft und genervt
stehn sie dann vor dem
Christbaum und fallen
danach wie gerädert
in einem langen Traum.

Das Weihnachtsfest,
es ist zum Weinen,
es sollte uns doch alle
vereinen.

Doch das Weihnachtsfest
es ist vorbei,
oh wie fröhlich ich
mich darüber freu.

Herstellung und Verlag:
Books on Demand GmbH, Norderstedt
ISBN: 9783839113578